台所のニホヘト

伊藤まさこ

新潮社

まえがき

家の中で一番好きな場所はどこですか？
と、聞かれたら迷わず
「台所！」そう答えるでしょう。
一日のうち、一番長く過ごす場所はどこ？
と、聞かれたら、それもやっぱり「台所」なのです。
私にとって台所は料理をするだけの場所ではありません。
スープを煮ている間、本を読んだり
床にぺたりと座り込み考えごとをすることだってある。
時にはスタンディングバーになることも！
この本では
私がいつも当たり前にしている台所仕事のいろいろをご紹介。
「えっ？」と驚いたり、
「こんなことしてるのー？」
とつっこみを入れたりしながら、
ページをめくってもらえたらいいなと思います。
そして、「スープでも煮てみようかな？」
などと思ってもらえたらうれしいです。

もくじ

鍋が好き

松本のギャラリーでざるに入って売られているぞうきんを見つけました。一見、無骨で素っ気ないぞうきんに見えるけれど、縫い目の間隔や、布と糸の色の組み合わせ方、針目の不揃いさ、玉止めのごろごろも含めて、ただ者ではない雰囲気がプンプン。店の人に、どんな方が作ったんでしょうねぇ？　と尋ねると「さあ。どこかのおばあちゃんが縫って、蔵にしまっておいたんじゃないかな？」とのこと。欲しい。でも、ふだんぞうきんは使わないし……。でも欲しい……を心の中で何回か繰り返し、結局買ってしまいました、ぞうきん八枚！　でもね、私はこれをぞうきんとして使うのではなくて鍋つかみとして使うことにしたのです。だって、こんなに手の込んだかわいらしい作品ですもの、ぞうきんにしてしまってはもったいないではありませんか。そんなこんなで我が家に最近、八つの鍋つかみが加わったのでした。

　鍋および鍋まわりのものには目がない私。いいなあと思うものに巡りあうと、たくさんあるにもかかわらず、つい買ってしまいます。頭の中には収納場所をどうしよう？　とか、このサイズはもう持ってるんだから、とかそんなことはちらりとも思い浮かびません。鍋に対するこの感情ってなんなのかなー？　と自分でも不思議に思うのですが、暮らしの中にこういう余裕（余分ともいう）があってもいいんじゃないか？　と最近では開き直っています。お米を炊く時も鍋。スープを煮る時ももちろん鍋。煮豆はこれ、パスタにはこれ……などと作る料理によって、使う鍋をあれこれ考えるのもまた楽しい。中にはあまり使わないのに、たまに出しては「かわいい……」と呟くだけのものもありますが、それはそれで私の家事に向う気持ちを高めてくれる大事な存在として棚に置いてあるのです。

右は、ギャラリーで見つけたぞうきん。一緒にいたルームシューズ作家の藤原千鶴さんも「これは作ろうと思ってもなかなかできないですねー」とうなっていました。不器用ながらもひと針ひと針縫った様子がひしひしと伝わってきます。継ぎ目の表情もなんだか愛らしく、どんなおばあちゃんが縫ったんだろう？　などと想像が膨らみます。

鍋つかみと鍋敷きいろいろ。作家さんが作ったものもあれば、荒物屋のようなところで発見したものもあり。わらの鍋敷きの小さな方は、盛岡を旅した時に見つけたもの。鉄瓶との相性は抜群。大きい方は私の手製。編み方を教えていただいた作家さんに「筋がいいねぇ」と褒めてもらった自慢の一品です。水玉の鍋つかみは、スウェーデンのもの作り学校の売店にて。他に、黒地に白の水玉と赤地に白の水玉も持っているのだけれど、もったいなくてふだんはあまり使っていません。その下のまっ白の鍋つかみはパリの「イケア」で。二枚組で、たしか二ユーロとか三ユーロという安さ！　興奮してたくさん買い込んだ思い出が。その下の生成りの鍋つかみはロンドンの雑貨屋さんのもの。こうして見てみると、旅に出た時に鍋関係のものを見つけると財布のヒモがゆるくなる傾向にあるよう。

豚のリエット一キロを仕込むときは必ずこれで。この鍋にしか出せない味、というものがあるような気がしています。

小さくてかわいいサイズ。同じ十六センチでも黒の片手鍋［下］とは印象がまったく違うから不思議。これが鍋にはまる理由なのかも。

万能サイズの二十二センチ。ファースト・ル・クルーゼはこのサイズがお薦め。

ごはん一合だけ炊く時はこれで。黒地にまっ白ごはんが映えます。

一度、ブルーのものも買ったことがありましたが、それは友だちにゆずり、今は「ル・クルーゼは白と黒だけ!」と決めています。へこんだ部分に氷を入れて、中の水蒸気を水滴にしてまた鍋中に戻す、というシンプルながら驚くべきシステムの楕円鍋は、少ない水分でおいしい料理ができあがります。

フィンランドのフィネル社製。潔いほどまっ白な白です。

パスタを茹でる時や、鶏一羽まるごと茹でる時に使うたっぷりサイズの「ダンスク」の鍋。下の四つも「ダンスク」です。

なぜかサンフランシスコ土産に友だちからもらった片手鍋。チャイとヴァン・ショーは必ずこれで。

倉敷に行った時に「旅の記念に……」と買ったもの。色のついたものはあまり好みではないはずなのに、「ダンスク」の鍋だけは別。ホーローの質感と楽しげな色合いが合うからなのでしょうか?

赤と青。どちらにするか、迷いに迷ってどちらも購入。バッテンの蓋は、鍋敷きにもなるのだそうですよ。

持ってるだけで幸せな、フィンランドのデザイナー、アンティ・ヌルメスニエミの鍋。でもちゃんと使ってますよ。

フランス人に「この鍋はフランス人の心です」と言われ、「なら買いましょう」となった「ストウブ」。スーツケースに入れて大事に持って帰ってきました。

蓋はパンケーキを焼く時にフライパンとして使ってます。デンマークのコプコ社製で、軽井沢の「NATUR」というお店で購入。

鍋の裏に直火にかけてもオッケーというマークのようなものがありますが、いまだ火にかけておらず。もっぱら器として使っています。

フィンランドのアンティーク屋にて購入。これもスーツケースに入れて。まわりにいた人が「そんな重い物を……」と呆れていたとかいないとか。

久しぶりに訪れたパリの蚤の市で。ル・クルーゼの初期のものだとか。なるほど、見覚えのある形！

木の脚つきの鍋は、松本のギャラリー「10センチ」の「鍋展」にて。いかにも北欧らしいフォルムや色が魅力的。

伊賀の作家さんにごはんを炊くために作っていただいたもの。ちょうど二合分ほどが炊けるサイズなので、とても重宝。ふっくらしっとりとしたごはんが炊き上がります。

ごはん炊き用のものと同じ土を使って大きな土鍋を作ってもらいました。鍋として使うのはもちろん、料理を盛る器としても重宝。豪快な雰囲気になります。

直火はもちろん、オーブン料理も炒め物も……と、とても重宝しているもの。「鍋としてだけではなく、器として使ってもいいのよ」とは作者の島るり子さんの談。

一瞬、これが鍋？　と思ってしまうこちらは滋賀の作家さんのもの。すっとした形がお気に入り。ポトフやロールキャベツ、シュークルート……この鍋を見ながら、おいしそうなテーブルの上の様子を想像するのが楽しい。

直径二十九・八センチと大ぶりなお鍋は右と同じ作家さんのサイズ違い。一抱えもあるサイズなので、鍋としてだけでなく根菜をごろごろ入れて台所の床に置いておいたり、お客さんが来た時にサラダを山盛り盛ったり。

アルミの打ち出しの鍋はすべて京都の「WESTSIDE33」で。最近は、買おうとするとお店の奥さんに「もういっぱい持ってるでしょう、伊藤さん」とたしなめられます。一番大きなものは、直径三十一センチ。買う時に少々ひるんだものの、おでんを煮たり、瓶の煮沸消毒をしたりと大活躍。

ひとつ持っているとなにかと重宝するサイズ。十五センチというたっぷりした深さが魅力的。

きれいな楕円形。アスパラガスを茹でる時は必ずこの鍋で。

ゆで卵を茹でたり、ひとり分のスープを温め直す時に。

横浜中華街「照宝」の蒸籠《せいろ》つき鍋。軽くて小さいサイズが「蒸し物でもしてみようかな」という気にさせてくれます。

香港の市場でほこりまみれになって売られていた鍋。使っていて年季が入ったのではなくて、最初からこの堂々とした姿です。

「ヨーガンレール」で買った土鍋は、もっぱらきのこ汁を作る時に。冷めにくく見た目にも美しいのでそのままテーブルに出してます。

手に入れたばかりの土鍋は和っぽい見かけですが、意外にもグラタンやじゃがいものオーブン焼きなどの料理にもぴったり。エスカルゴも合いそう。

「ずっと使ってないからあげる」と友だちに言われてもらったものの、三年ほど棚に眠ったままだった圧力鍋とカムカム鍋。でも最近、大活躍。これで玄米を炊くと、もっちりふっくらおいしく炊きあがります。

右手でも左手でも使えるようにと注ぎ口が両方についています。汁切れがよく気持ちのよい使い心地。

友だちの家で、この鍋でごはんを炊いているのを見て、「私もっ!」と……。

「普通」がいちばん

娘が中学生になり、お弁当作りが始まりました。栄養のバランスがよく、冷めてもおいしく、彩りもかわいらしくして……弁当初日の前日は、緊張のあまりなかなか寝付けず、翌朝三時半に目が覚めてしまいました。娘の同級生のお母さんにそのことを話すと「私もっ！」という返事が。高校生のお姉さんを持つ別のお母さんは、弁当作り歴五年。大変だねぇ……とため息をついたところ、「あら、適当よお。ごはん詰めて冷蔵庫にあるものをちゃちゃっと炒めて、それ詰めて。慣れよ、慣れ」。慣れ、……なんだ。

私もそんな余裕が欲しいなと思いつつも、最初の週は毎朝四時起き。このまま三年間この状態が続いたらどうしよう？　と不安でいっぱいになりました。白いごはんの上にコチュジャンで味つけして焼いた牛肉、もやしとズッキーニのナムルをのせて韓国風に。もっちり炊いた玄米は食べにくかろうと一口大のおにぎりにし、上に白ごまと黒ごまを交互にかけて。ドライカレーにはうずらの卵で作った目玉焼きをちょこんとのせて。弁当箱に合わせてナプキンやカトラリーをコーディネート……。大変、大変、とか言いつつも、いざとなるとスタイリスト魂がわき起こってしまう私。

けれどもある日、娘が「ママ、お弁当は普通でいいから。っていうか、お願い、普通にして」と言うのです。それでは、と娘の希望する「普通」の弁当の内容を聞きました。「白いごはん。おかずは豚の生姜焼きや鶏の唐揚げ。ひじきに切り干し大根。以上」。えー。でもさ、それってなんだかかわいくなくない？　全体的に茶色っぽいし。いくら言っても「いいのっ」と言うばかり。翌日、希望通りの弁当を作りましたが、いつも作っているおかずだからか、作り置きのおかずを使うからか、なんだかとっても楽ちん。毎日のことですもの、食べる方も作る方も「普通」が一番だなぁ、と思ったのでした。

木、曲げわっぱ、塗り……お弁当箱いろいろ。毎日、メニューによって弁当箱を変えようと思っていたら、「これに入れて」とピンクのうさちゃん（ウサビッチというキャラクターらしい）の弁当箱を買ってきた娘。曲げわっぱとかの方が、きっとおいしいよ、と言ったけれど返事は「ＮＯ」。たしかに私も中学生の時はかわいらしいキャラクターのものが好みでした。

鶏の唐揚げ、卵焼き、きんぴら、ひじきの煮物、それからのり弁。定番のお弁当。

ひじきの煮物や、さつまいものレモン煮などの作り置きのおかずは、衛生面を考え、一度加熱して、よく冷ましてから弁当箱に詰めます。鮭を焼いてほぐしたものは瓶に入れて。おにぎりの具にしたり、鮭チャーハンにしたり。

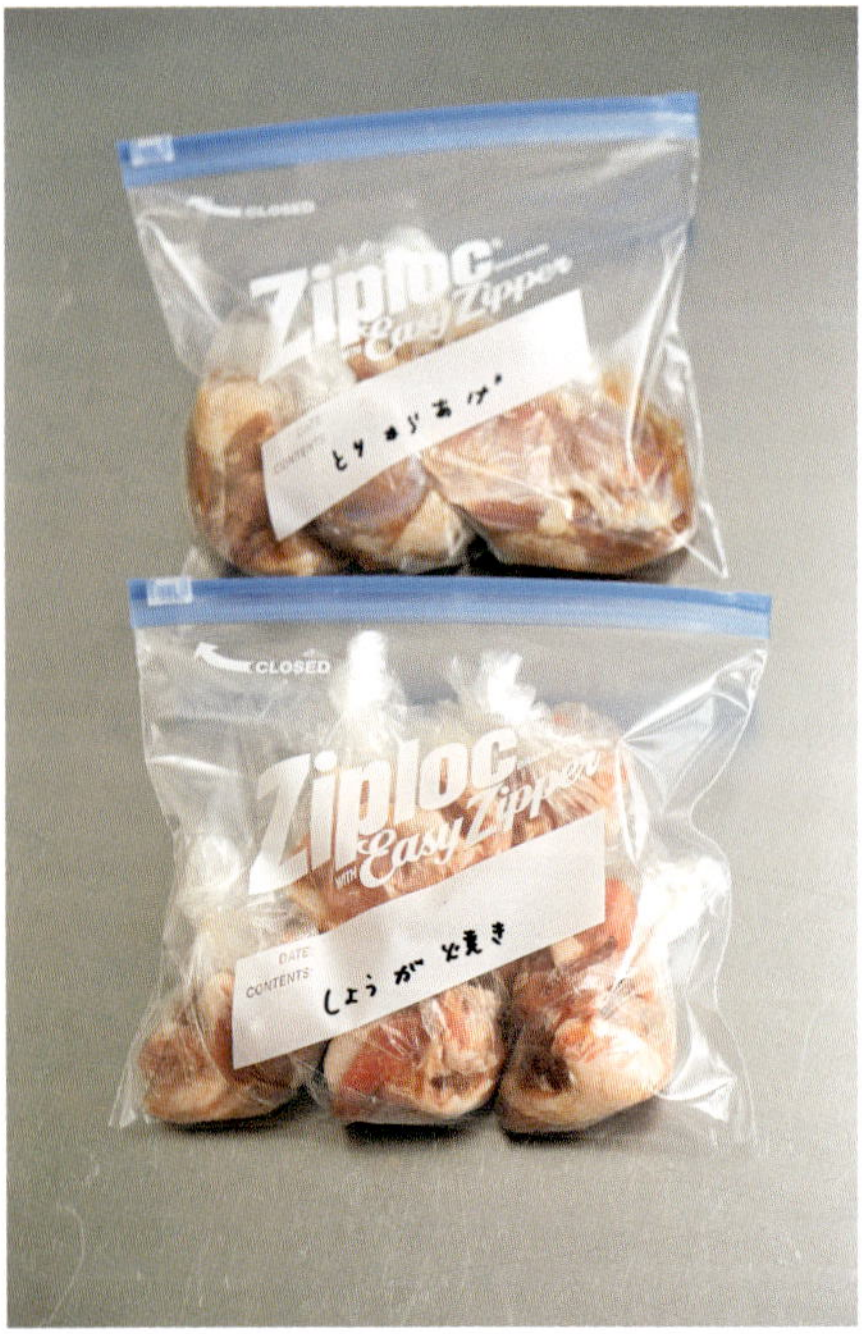

唐揚げや生姜焼きは、時間のある時に下ごしらえをし、小分けにして冷凍。朝は解凍して焼くだけ、揚げるだけにしておくとラク。

彩りよく、かつ隙間にぴったり収まる、ミニトマト、ブロッコリー、うずらの卵は、冷蔵庫に常備。春はスナップエンドウやそら豆。夏は枝豆やベビーコーンが活躍しそう。

さくらんぼや、ぶどうなどのフルーツは、おかずの味が移らぬようラップに包むなど工夫をして。

しょうゆやソース入れは、梱包材料の店で買ったら、なんと百個入り。卒業までに使い切れるかどうか、とても心配。仕切りに使うカップや、使い切りサイズのマヨネーズなどもあると便利。十センチほどの大きさのミニマヨネーズを入れたら「友だちに受けたー」と言って大喜び。なにがOKで、なにがNGなのかいまいち分からない娘の気持ち。

こちらは、運動会や遠足など、気合いが入った弁当を作る時に使う抜き型いろいろ。京都の「有次」で購入。雛祭りの時は、にんじんの甘酢漬けをうさぎやちょうちょの型で抜いて、ちらし寿司の上に飾ろうと計画中。その時ばかりは曲げわっぱに入れようと思っています。

打ち合わせや、撮影の時など、スタッフの人数分だけ弁当を作ることも。ふつうにお昼ごはんを作るよりもなぜだか盛り上がるような気がします。「同じ内容でもお弁当箱に詰まっているとおいしく感じますよね。白いごはんとおむすびの味が違うように」とはお弁当を食べた人の言葉。

春は新もの

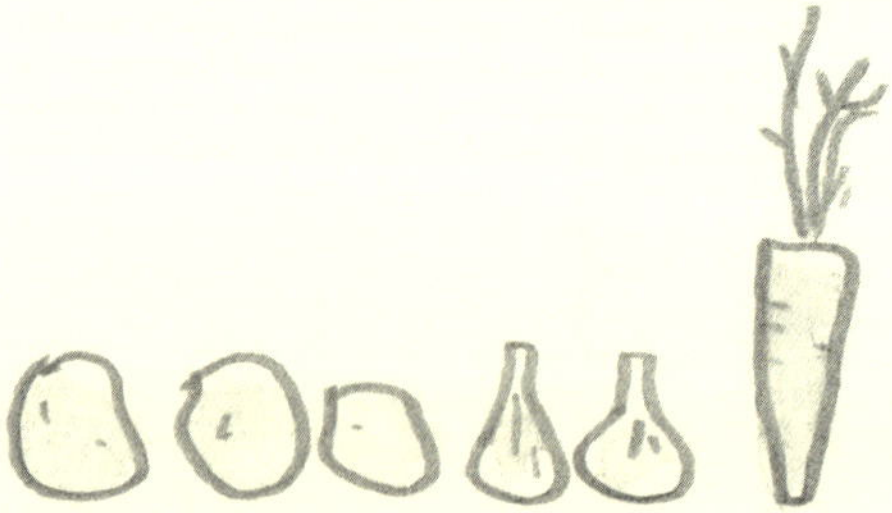

新潮社

新刊案内

2013 1 月刊

冬芽《とうが》の人

大沢在昌

警察を辞め心を閉ざした女が一人の男と出会った時、終わったはずの事件が牙を剝く。「彼を守りたい」美しきヒロインの孤独な闘いを描くアクション長篇。

1月31日発売●1890円

333351-7

ちょうちんそで

江國香織

いい匂い。あの街の夕方の匂い——人生の黄昏時を迎え、一人で暮らす雛子の元を訪れる人々の秘密と雛子の謎。記憶と愛をめぐる物語。闇に挑む長篇。

1月31日発売●1365円

380810-7

いちばん長い夜に

乃南アサ

刑務所で知合った芭子と綾香。出所後、二人は肩を寄せ合いひっそりと生きてきたが、震災によって大きな変化が訪れて……。NHKドラマ化シリーズ完結篇。

1月31日発売●1785円

371013-4

南紀新宮・徐福伝説の殺人

西村京太郎

徐福ゆかりの地で続発する事件。容疑者を追って、十津川警部は「特急ワイドビュー南紀」に乗った。伝説に隠された秘密とは？ 長編トラベルミステリー。

1月25日発売●840円

334428-5

2013年1月新刊

題未定（霊媒の話より）

安部公房初期短編集

安部公房

1月22日発売●1680円

公房は、すでに公房そのものだった！ 新発見の「天使」はじめ、やがて世界を馳せる安部文学生成期の息吹きを鮮かに伝える11編。没後20年記念出版。

300811-8

治療するとカワイクなります
生きがいの精神病理

大平　健

1月22日発売●1575円

世の中に溢れる〝カワイイ！〟は、幸福の別名——老若男女11人の症例から解き明

328872-5

気づいてほしいこと

「高校バスケの代名詞」とまで言われた能代工業高校バスケットボール部を率いて30回もの全国制覇を遂げた名指導者が示す、〝結果を出す〟ための方法論。

●13〔6〕5円
3〔…〕

「北朝鮮帰還」を阻止せよ 日本に潜入した韓国秘密工作隊

城内康伸

「地上の楽園」を謳い、一九五〇年代から在日コリアンが北に渡った帰還事業。その妨害を図った工作員の封印された実態を、生存者九人の証言から炙り出す。

1月18日発売 ●1575円
313732-0

インフォメーション 情報技術の人類史

ジェイムズ・グリック 榆井浩一〔訳〕

トーキング・ドラムからコンピューターまで、「情報」を操るあらゆる試みを見つめ直し、世界の本質を問い直す——圧倒的なスケールで描かれる壮大な文明史。

1月25日発売 ●3360円
506411-2

皮膚感覚と人間のこころ

傳田光洋

意識を作り出すのは脳だけではない——。単なる感覚器ではなく、自己と他者を区別する重要な役割を担う皮膚を通じて、生命とこころの本質に迫る最新研究!

1月25日発売 ●1155円
603722-1

◎著者名下の数字は、書名コードとチェック・デジットです。ISBNの出版社コー〔…〕
◎ホームページ http://www.shinchosha.co.jp

新入生、新学期、新生活、新緑……春は何かと「新」という言葉を耳にする機会が多くなります。ピカピカのランドセルを背負った小学一年生や、制服の着方がぎこちない中学一年生を見かけるのもちょうどこの時期。その度に、清々しくなると同時に「大人になると気持ちに節目をつける機会が減るよなぁ。寂しいなぁ……」なんて思っていました。が！　この季節、私の胸をときめかせる「新」があることに気がつきました。冬の間、冷たい大地の中でじっとしていた、新じゃがいもや新にんにく、新玉ねぎ、新生姜……ありとあらゆる「新」が、待ってましたっ、とばかりに威勢よく顔を出す。みずみずしくて、清々しくて、一口かじるとプン、と土のかおりが匂いたつ新もの。今や一年中、時期を問わずにいろいろな野菜が手に入るようになったとはいえ、季節にしか味わえないものってやっぱりあるんだよなぁ……と、食べるたびにしみじみするのです。

蕗《ふき》の薹《とう》に始まる私の新もの生活は、新玉ねぎが出回る頃にいったんピークを迎えます。バターでじっくり炒めた玉ねぎ入りのいつものハンバーグも、この時期ばかりは生のままザクザク入れちゃう。シャキッとした歯ざわりと、やさしい甘みがなんともいえないんです。オニオンスライスにサルサソース、ピクルス……あげればキリがありませんが、初々しい新玉ねぎを「これでもか！」というくらい味わい尽くします。その後、新にんにくと豚のオーブン焼き、新にんじんのラペ（千切りサラダ）、新生姜の甘酢漬けなど、せっせと作りせっせと食べ「もう思い残すことはない！」と満足している頃に届くのは、和歌山に住む友人からの梅だより。梅シロップに梅酒……仕込み終わる頃には、季節は初夏へと移り変わり……ここ数年それの繰り返し。考えてみるとこうした季節ごとの味が、私の生活の節目になってくれているんですよね。

新生姜、新にんじん、らっきょう、にんにく、新じゃが。かごに入った、新ものいろいろ。

梅シロップは洗ってよく乾かした梅に竹串で穴をあけ、氷砂糖と一緒に瓶の中へ。水分があがってきたらできあがり。ペリエやスパークリングワインで割ると、夏にぴったりのさわやかな飲み物に。

この季節のキッチンはとっても賑やか。和歌山からは、毎年、甘酸っぱいかおりでいっぱいのこんなかわいらしい荷物が届きます。

甘くてみずみずしい新にんじんは生のまま いただきます。シリシリ器という道具で千切りにし、白ワインビネガーと塩、こしょう、オリーブオイルでよく和えます。しゃきっとしながらも、どこかしなやか、やわらかい口あたりなのは「新」だから？　このサラダ、え？　と驚くほど作ってもすいすい食べられてしまいます。ひとり一本はいけます。

新生姜を薄くスライスし、生姜の半量の砂糖を入れて強めの中火で十分ほど煮ます。生姜を取り出しグラニュー糖をまぶしてケーキクーラーの上などで乾燥させたら、新生姜の砂糖漬けのできあがり。残ったシロップは瓶に移し替え、お湯やペリエなどで割って。この生姜の砂糖漬け、小さな瓶に入れてプレゼントすると「やるな」と思わせる贈りものに。新生姜は他にも紅生姜や甘酢漬けなどを作って、友人知人にお裾分けします。

料理家の友人に教えてもらった食べ方がこれ。塩漬けした豚バラ肉と皮付きの新にんにくを百八十度で二十〜三十分ほど、オーブンで表面においしそうな焦げ目がつくまで焼くだけという手軽さながら、皮の中でしっとり、ねっとり蒸されたにんにくと豚肉の相性がぴったりでなんとも美味！　この季節、「素材がよければ、手をかけなくともおいしいものができる」と、何度思うことか。

新じゃがいもは、蒸籠でじっくり蒸します。そのままバターと塩だけで食べても充分ですが、木の芽のペーストをつけるとよりおいしい。このペーストも今の季節ならではのもの。なるべくやわらかい若葉をたっぷり摘んで、アンチョビ、オリーブオイルとともにフードプロセッサーにかけます。木の芽ふたつかみに対して、アンチョビは十枚、オリーブオイルは一カップぐらい（オイルの分量はお好みで）。じゃがいもの他、ゆで卵と好相性です。

ふだんは玉ねぎを生で食べることはないのですが（食べすぎると胸ヤケしてしまうので）、新玉ねぎだけは別。赤ワインビネガーと塩、砂糖少々に水を加えて煮立て（ビネガーと水の割合は三対一くらい）、食べやすい大きさに切った玉ねぎをその中へ。冷めたらできあがり。肉料理にも魚料理にも、サラダやサンドウィッチにも合う万能ピクルスです。

ひき肉に刻んだ新玉ねぎをザクザク入れるハンバーグはこの季節だけのお楽しみ。しゃきっとした歯ごたえがたまりません。このハンバーグ、大根おろしとぽん酢で食べてもいいけれど、新玉ねぎがたっぷり入ったサルサソースをかけてもおいしい。ソースは新玉ねぎ、トマト、香菜、ハラペーニョなど、好みの量を細かく刻んで、レモン汁と塩で味を調えます。

ウォークイン食器棚

ひだりがわ

仕事柄、料理家や暮らしまわりの達人と呼ばれる人のお宅におじゃまする機会が多く、これまで数々の台所、そして食器棚を見てきました。骨董屋で見つけた古い本棚を食器棚にしていたり、マンションの吊り戸棚を上手に活用して食器を収納していたり。建築家と一緒になって考えた、すてきな作り付けの食器棚もあったっけ。棚の中を覗かせてもらうたびに「ほー！」とか「へーっ」なんて声をあげながら、感心したり驚いたり。人の暮らしの数だけ食器棚の数もあるものなのだなぁ……としみじみ思ったものでした。

さて、私はと言いますと、食器棚然としたものは、ひとつも持っておらず、オーディオの棚をペイントしたものや、本棚にしていた棚に「なんとなく」食器を入れてやりすごしているという、スタイリストにあるまじきひどいありさま。家や仕事場の棚はもうぱんぱん。段ボールに入ったまま三年くらい経ってしまった食器が納戸に五つ。そういえば実家にも預けっぱなしの器があったような。自分がどれくらい食器を持っているのか把握しようにもできない、そんな状態が続いていたのでした。

そこで一念発起して、キッチンの横に食器棚を作ることに！　こうなったらとことん使いやすい棚にするぞ。持っている器、全部入れちゃう！　器や台所道具の数を洗い出し、サイズを測り、ああでもないこうでもないと頭を悩ませること数日。途中で棚板の厚みを計算に入れていないことが発覚してまたやり直し……最後、自分ではどうすることもできなくなって木工デザイナーの三谷龍二さんに相談。そうしてでき上がったのが、引き出し数二十四、棚板四十数枚、天井まで棚でいっぱい！　の、この「ウォークイン食器棚」です。器の他に、鍋、料理の本、テーブルクロス、かごにざる、お菓子の型……入ること入ること！　この章ではまず左側のオープン棚をご覧に入れます。

天井までの棚を作ったのはいいけれど、問題は上に入れている物をどうやって取り出せばよいか。そこで目に止まったのがうちに来た内装屋さんが使っていた、この踏み台。脚は四本でしっかり。ゴムがついていてすべることもないし、高さの調節も簡単。聞けば「もう何年も毎日のように使っている」とのことで、木の部分や脚は使い込まれてなんともいいかんじ。「譲ってくれませんか……?」と、無理矢理お願いして手に入れました。折り畳めてぺたんこにもなるんです。

棚板のサイズはすべて幅四十センチ、奥行き二十四センチに。こちらが一番奥の棚。上の方には料理本を置きました。台所で料理していて、分からないことがあってもすぐに確認できてとても便利。その下はシェーカーボックスと木のトレー、岡田直人さんのスープ皿や、「コテ バスティド」のスープ皿などなど。

いくつも重ねて収納していたので、取り出しづらかったトレー類は、棚板の間を狭めて一枚ずつ収納することに。どんなものがどれだけ入っているかが一目瞭然になりました。上の方にはアンティークのリネンのキッチンクロスやテーブルクロスを。かわいいスプーンの背の本はスウェーデンの料理本。

一番奥の下の方は、がらんとしていて、こんな状態。「棚ががらんとしている」という状況を、まだ、受け入れることができないでいる私。当分の間は、あっちこっちにものを移動させながら、暮らしにあった定位置を見つけようと思っています。

ここには、色とりどりの北欧のホーロー鍋を並べてみました。下に置いているのは空き瓶。このかごに空き瓶がたくさんたまったら、近所の湧き水を汲みに行きます。

入ってすぐ左側の棚には、グラスやスパイスなどよく使うものを。上の棚二つはまだ空いているので、ステムつきのワイングラスを買おうか？　とか、果実酒を漬けた瓶がずらりと並んでいるのもかわいいかも？　などと妄想中。こんな時間も楽しいものです。

はちみつ、もち米、パリ土産のお酒の瓶、アンティークのリネン類……グラスのおとなりの棚は、まだ方向が定まっていないかんじ。ケトルやピッチャーなどの、コーヒー関係のものを置こうかな。

今まで、蓋を逆さまにしていくつも重ねて収納していた「ル・クルーゼ」の鍋は、ひとつひとつ収納できるようになりました。うれしい。ここでは、白と黒に統一して、すっきりとした印象に。鉄のフライパンの上にあるのは、母から譲り受けた三十年物のホットサンドメーカー。

グラスの棚の下部分もやっぱりグラスを。その下は、京都の「WESTSIDE33」の打ち出し鍋や中華街で買ったミニ蒸籠。下にいくにつれて鋳物の鍋やココット、耐熱のお皿などの重いものを。一番下にはかごに入れた根菜。

ウォークイン食器棚

みぎがわ

続いて、この章では右側をご紹介します。こちらには一列六段の引き出しを四列（つまり二十四個）と、その上に奥行き四十五センチのオープン棚を作りました（棚板の数は現在十六枚。ちょっと足りないのであと六枚ほど作ってもらおうかと思ってます）。このオープン棚には、大判のテーブルクロスや、かごやざる、皿や鉢、カッティングボードなどの、大きいものとかさばるものを中心に収納。今までお皿や鉢は、手ぬぐいやキッチンクロスをクッションにしていくつもいくつも重ね、マトリョーシカのように入れ子にして棚に収納していたのですが、これがどうにも使いづらくて。料理ができあって「さぁ盛りましょう」という段階になった時、取り出すのが面倒で、結局いつも一番外側の器か、内側の器ばかり使うことになっていたのでした。それがこの食器棚ができてからというもの、器たちは天井は低いながらも専用の居場所を得て、なんだかうれしそう。そうだよね、たまに自分で気に入って買っておきながら、「あれ、こんな器持ってたっけ？」なんていうひどい持ち主でしたものね、私。収まるべきところに収まって幸せそうな器を見ながら「今までごめんね」とあやまりました。

それにしても、ここのところ料理が楽しくてしょうがないのは、ひとえにこの収納のおかげと思っています。今まで冷蔵庫の上の奥（手前にはかごがわんさか）に置いていた蒸籠や、〝マトリョーシカ収納〟していたすり鉢、段ボールにしまいっぱなしだった耐熱皿などがすぐにさーっと取り出せるのですから。おかげで毎日のメニューの幅もうんと広がったような気がします。

本棚でもなく、クローゼットでもなく、シュークローゼットでもない。私に必要だったのはこのウォークイン食器棚だったんだなぁ。

奥のオープン棚には、日本各地で手に入れたかごやざる、それからテーブルクロスを入れています。基本的に軽いものが上。下には長方形の耐熱皿、楕円の大皿など、今まで収納を持てあましていた変形のお皿を。食器棚ができあがって二ヶ月と少しですが、いまだに毎日あーでもない、こーでもないと並べ替えています。落ち着くのはいつのことやら……。でも、この「あーでもない、こーでもない」といろいろ考えるのもまた楽しいのですけれど。

一番手前、一列目一段目の引き出しにはカトラリーを。仕切る容れ物は「無印良品」で購入。ステンレスやシルバーなど種類ごとに分類するのにとても便利。その奥には十二センチほど余裕があるので、シルバー磨きのクロスを収納しています。

二列目の一番上。深さ六センチの引き出しは意外にもいろんなものが入ります。ここには「イッタラ」のパラティッシ・シリーズのカップ＆ソーサーや、フィンランドで買ったアンティークのガラスのカップを。「北欧の引き出し」と呼んでます。

四段目、深さ十五センチの引き出しには、お椀などを入れています。こちらはやや小ぶりな漆器専用。すぐ左となりの引き出しは、合鹿椀《ごうろくわん》やお弁当箱などの大物漆器入れに。

一日に必ず一度は開けるごはん茶碗の引き出し。お箸は最初、シルバーのカトラリーの引き出しに入れていましたがこちらに移動。お箸もごはん茶碗も、その日の気分に合わせて選びます。

この五段目と一番下の段は深さ二十センチ。一段目に収まりきらなかったカトラリーをアンティークのジャム瓶やピッチャーなどに立てて収納。右の木の箱に入っているのはフランス・ライヨール社の肉切り用のナイフ。私の宝物。

ここはテーブルクロス以外のリネン入れ。右側はベルギーのリベコ・ラガエ社のリネンのナプキン。微妙な色合いがお気に入り。左はアンティークや、布を買って縫った手製のものなどいろいろ。

三列目。ここを開けるたびに「作ってよかった」としみじみ思う、深さ十センチの引き出し。収納に頭を悩ませていた豆皿や小皿など、こまごましたものが一目瞭然に！

一番奥、四列目。二段目は五寸ほどの平皿専用引き出し。ここもごはん茶碗専用引き出し同様、ほぼ毎日開けます。同じ種類を五枚ずつ重ねるのにちょうどよい、深さ十センチの引き出しに入れて。

マトリョーシカ収納よ、さようなら〜！　の、ゆったり余裕の鉢専用引き出し。隙間に何か入れたくなるものの「今はこの余裕を楽しもう」と自分に言い聞かせています。

ここはピッチャーと「イッタラ」のムーミン・シリーズのマグカップ入れ。ピッチャーは北欧のものが多し。使うことはあまりないけれど、見ているだけで楽しいからついつい買ってしまいます。そんな器があってもいいはず。

ここはお茶専用の引き出し。段ボールに入れて数年放置していた台湾のお茶セットがついに日の目を見ることに！　茶筒はすべて京都の「開化堂」のもの。

お菓子道具いろいろ。キッチンエイド社のゴムベラは、母から譲り受けた四十年もの。左の「DEAN & DELUCA」のランチボックスの中にはクッキーの型がいっぱい。竹の文庫には、「有次」の抜き型や干菓子用の型を。

コラム

理想の台所

飛行機のコックピットのようなコンパクトな台所がいいという人もいれば、自分の気に入りの台所道具に囲まれていればそれだけで幸せ、機能は二の次！　という人もいる。「台所？　うちにはありません」なんていう衝撃発言をした人もいましたっけ。（台湾の若い女の子ですが）そんな話を聞く度に、台所のあり方って人それぞれなのだなぁ……と思ったものです。

さて、では私の理想の台所ってどんなの？

広すぎず、狭すぎず。においがこもらないよう窓があるとうれしい。窓の外は空と山が見えて、ベランダには時おり鳥が遊びに来てくれればなおうれしい。作業のしやすい広々したシンクと作業台。いつもぱりっと乾いたキッチンクロスがたっぷり用意されて……と、考え出すとキリがありません。

でもなにより一番の理想は、そこに入った瞬間に、すかっと潔い空気が漂っていること、かな。それを確信したのは、知り合いのフランス料理のシェフに、片づけ終わった厨房を案内してもらった時のこと。ガス台やその周辺の油はねはきれいに拭き取られ、使い終わった鍋やフライパンはピカピカ。シンクの中に水滴ひとつ残っていないのです。毎日、ここまで完璧にお掃除してから帰るんですか？　と尋ねると「ここは僕たちが一日中過ごす場所だから、いつも気持ちよくしていたいんです。たとえおいしくて美しい料理をお客さまに出す店があったとしても、厨房が汚かったら僕はその店は信用できない。表を着飾るよりも、まずは中からでしょう？」こんな答えが返ってきたのでした。

うーん、なるほど。プロだからこその言葉なのかもしれないけれど、私は家の台所も、こんな風にありたいな、あれたらいいいな、そう思いました。

収納がたくさんないととか、ガス口は四つ欲しいなどという形の問題よりもまず先に、台所に対するこんな潔い心がけのようなものこそが、私の理想なのかな。

さて、ウォークイン食器棚を作ったことで、すかっと潔い空気漂う理想の台所に少し近づいたような気がしています。シンク下に収納していたボウルや鍋は、食器棚に収納。ものが無くなったところで、シンクを広くて大きな業務用のものに替えました。シンクの下はがらんと何もない空間になったので、ごみ箱をふたつ置き、あとはなーんにも置かない。その結果、掃除が行き届くようになりました。シンクの向かいには、テーブル型の冷蔵庫を。ここの上にも何も置かず、作業台として使うことに。

広いシンクとガスコンロ、向かいにはテーブル型の冷蔵庫とワイン用の冷蔵庫。私の台所はこんなかんじ。一見がらんとした何もない空間に見えますが、ここに立つたび、新鮮な気持ちで料理ができるようになるのです。本当は作業の終わりに床に水をジャーっと流してゴシゴシ洗うことができるようになるとなおよし、なのですが「それはやりすぎ」とまわりの人にたしなめられています。（でもいつかきっと！）

おいしいごはんを
食べるため

旅先（おもにヨーロッパ）で、おいしいものや、その土地でしか食べられない珍しいものを食べて幸せな気分になったとしても、数日過ごすうち恋しくなるのは、やっぱり白いごはんです。何年か前だったら、肉とパンとチーズと赤ワインが何日続こうとも全然へっちゃらだったのに、ここ二、三年の間に私の中の欧米人気質がすっかりなりをひそめてしまいました。旅から帰ってきてすぐごはんを炊き、きゅうりの漬けものかなんかと一緒に炊きたてを一口。食べ終わってほうじ茶をすする頃には、お腹が充分満たされると同時に浮かれていた気持ちも落ち着いて「やっぱり家で食べるごはんが一番だな」と昔、旅から帰ってきた父が言っていたのと同じようなセリフを口にしている自分にびっくりする時があります。ただ単に年をとった、ということなのかもしれませんが。

それはさておき、お米は私にとってなくてはならない食材ということに間違いはありません。そんなに大事な食材ならば、鍋や炊飯器に凝ったり炊き方を工夫したりする前に、そのお米がどういう素性のものなのかを把握する必要があるのではないか？　と思い立ち、あれこれ調べるうちにたどり着いたのが、地元の農家で作られた合鴨米。毎回、十キロずつ精米してから配達してもらっていたのですが、せっかくならと、念願だった精米機を買うことに。それもこれも「おいしいごはんを食べるためならば」なのです。

一日一回。多い日は二回。毎回、同じ要領で炊いても、その都度微妙に炊き上がりがちがうごはん。忙しい時に炊いたごはんはせわしない味がするし、心を込めて炊くとふくよかな味わいになるもので、毎回「おもしろいなぁ」と感心しています。炊く時も、炊きあがったごはんを食べる時も「心の余裕」みたいなものがおいしさに変化をもたらしているのかもしれませんね。

ピカピカの精米機が並ぶ電器屋さんの店内で、ひっそり売れ残っていたのがこれ。スウィッチをひねるだけというシンプルな操作方法と、やる気のなさそうな見かけが買う決め手となりました。必要な分の玄米を入れ、ガー。あっという間に米と糠に分かれます。白米や五分づき、三分づきなど、その日の気分で加減を調整。精米の仕方でお米の味がこうも違うとは！　と毎回びっくりしています。

圧力鍋の中に、この「カムカム鍋」をセットして炊くと、もっちりした食感に。五分づき米や玄米は体にいいから食べる、というよりも、「おいしいから」食べる派。お味噌汁にひじきの煮物、漬けものなどとの相性は言わずもがなですが、きのこのオリーブオイルマリネや、カレーなどとも相性がいい。

お米を炊く時は、近所の湧き水を使用。かごに瓶を入れて湧き水汲みへ……。冷蔵庫に五本ほど常備してます。

カムカム鍋でふっくら炊きあがったごはんは、冷めてもおいしいので、朝炊いたらすぐに、こんな風に小さな塩むすびを作って台所に置いておき、お昼ごはんや、小腹が空いた時にパクリと食べます。どんなに熱くてもがまんして握った方が断然おいしい。けっして、冷めたごはんを握らぬように。

多めに炊いた時は、おひつに入れて保存します。塩むすびも好きだけれど、おひつの中で冷めたごはんも好き。青とうがらしを漬けこんだ味噌や、わさび漬けなんかと一緒に食べます。こちらは炊きたてごはんとはまた違い、しっとり控えめなお味。食べきれなかった時は、お茶碗二膳分くらいずつクッキングシートに包んで冷凍庫へ。

電子レンジを持っていないので、クッキングシートに包んで凍らせたごはんは蒸籠で蒸して解凍します。ふっくらほかほかに蒸し上がったごはんのおいしいこと！ 蒸籠ごとテーブルに出して、ここからよそいます。ごはんの湯気があたりに漂って、なんだか楽しくなるんです。白米だけでなく、玄米や炊き込みごはん、豆ごはん、中華ちまきなんかも、すべて蒸籠で解凍。レンジでチンするより、断然おいしい。

うちのカレー

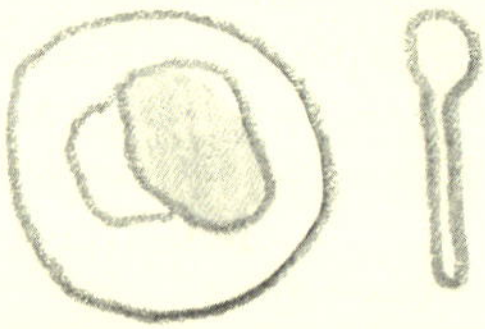

今日のお夕飯、何にしよう。豚しゃぶにしようか、冷や奴に枝豆？　さっぱりとしたものが食べたいなあ。暑いしねぇ。夏の夕暮れ、買い物かごをぶらさげながら歩いていると、どこからともなくカレーの匂いがぷーんと漂ってきました。「そうだっ。今日はカレーにしよう！」。急にやる気のスウィッチが入ります。さっきまで、火の前に立ちたくないなぁなんて思っていたくせに。

夏になると無性に食べたくなるカレー。暑い時にぴりりとスパイスの利いたカレーを食べながらビールをぐびり。汗をだらだらかきながら最後の一口を食べ終わる頃には、なんだか体がすっきり、しゃっきりするような気がします。なんでもカレーは、体を冷やす効果があるのだとか。そうか、だから夏にカレーなのですね。

一口にカレーと言っても、その家ごとにいろんな味があるものです。我が家のカレーは完熟トマトと鶏肉のカレー、豚ひき肉たっぷりのドライカレー、瓶詰めのカレーペーストを利用した牛肉カレー、ほうれん草のカレーの四つ。その日の気分と心の余裕、それから材料の揃い具合によって、どれを作るのか決めます。忙しい時はささっと作れるドライカレー、市場で完熟トマトがたくさん手に入ったら鶏肉のカレーという具合に。どのカレーも最初に玉ねぎをじっくり炒めますが、ここをおざなりにしてしまうと、でき上がりが雑で味気ないものになってしまうので要注意。あとはスパイスと仲良くなること、できあがったら鍋底を水につけるなどしていったん冷ますこと。冷める時にぐぐっと味がしみこんでおいしくなりますからね。でも一番大切なのは「うまいカレーが食べたい」という気合いかもしれません。気合いというか、気持ちですね。それが入っているのと入っていないのとではできあがりの味がまったく違うんです。本当なんだから。

なめらかな仕上がりの完熟トマトと鶏肉のカレー。フードプロセッサーを使うので、わが家では「めんどくさいほうのカレー」と呼んでいるけれど、このひと手間がおいしさの鍵。
準備するものは、鶏もも肉三枚、玉ねぎ四個、完熟トマト、にんにく、しょうが、とうがらし、ローリエ。スパイスはクミンやコリアンダー、ターメリック、チリパウダーなどを。みじん切りにしたにんにく、しょうがをオリーブオイルで熱し、とうがらしを入れ、さらに玉ねぎのみじん切りを加えてよーく炒め、適当な大きさに切った鶏もも肉を入れます。鶏に火が通ったらざく切りにしたトマトとローリエ、スパイスを好みの量入れて四十〜五十分煮込みます。途中、水分が足りなくなったら水を少し足して。鶏肉、とうがらし、ローリエを取り出し、残りの材料をフードプロセッサーにかけてなめらかにし、鍋に戻します。取り出した鶏肉も鍋に戻し、火にかけ、塩で味を調えたらできあがり。ヨーグルトを隠し味に入れるとほんのり酸味が加わっておいしいですよ。

オリーブオイル、白ワインビネガー、塩、こしょうのシンプルなドレッシングは、作っておくと何かと便利。オイルとビネガーは五対三の割合で。にんじんはスライサーなどで千切りにして、ドレッシングで和え、レーズンを散らします。ひよこ豆はやや固めに茹で、一センチ角に切ったきゅうりとみじん切りの玉ねぎ、イタリアンパセリを合わせ、スパイス(この時はクミンとチリパウダー)とドレッシングを加えてよく混ぜます。

夏の常備菜のピクルス。冷蔵庫で一週間くらい保存が可能。カレーにぴったりのさっぱりした味わいです。きゅうり、にんじん、玉ねぎなどの野菜を食べやすい大きさに切っておきます。鍋に白ワインビネガーを二カップ、水を四分の三カップ、砂糖大さじ一、塩小さじ二、粒のままのこしょう、ローリエ二枚、とうがらしを入れ一煮立ちさせたら、野菜を入れて、冷蔵庫でよく冷やします。

ほうれん草のカレーとチャパティ。カレーはごはんに合わせることが多いけれど、たまに思い立ってチャパティを焼くことも。私の作るチャパティはとても簡単。全粒粉一カップに塩ひとつまみとオリーブオイルを混ぜ、ぬるま湯を少しずつ加えてまとめたらラップに包んで生地を三十分休ませます。ぬるま湯を入れすぎるとべちゃべちゃになってしまうので加減しながら。これで小さめのチャパティが二、三枚できます。麺棒で適当な大きさに伸ばし、フライパンで両面こんがりと焼きます。ぷくーっと膨らんだら、できあがりの合図。

ほうれん草のカレーは、冬の終わり、ほうれん草の旬の時期にたくさん仕込んで冷凍しておきます。シンプルだけれど、とても味わい深いカレー。にんにくとしょうが、玉ねぎ二個をみじん切りにしオリーブオイルで炒めた鍋に、茹でてざく切りにしたほうれん草三把を入れ、さらにさっと炒めます。トマト缶一缶と缶二杯分ほどの水、スパイス（コリアンダーやターメリック、クミンなど。カレー粉でも）を加え、中火で一時間煮込みます。スパイスはカレー粉をベースに大さじ五〜八、他は好みで小さじ一ずつくらい。塩で味を調えてから、フードプロセッサーにかけて、なめらかにします。

よく作るのが、この豚ひき肉のドライカレー。お弁当に入れることも。にんにくとしょうが、玉ねぎ一個、ピーマン五個をみじん切りにしてオリーブオイルでよく炒め、豚ひき肉五百グラムを入れてさらに炒めたらトマトピュレ二カップとカレー粉、ローリエを加え、十五分煮込みます。塩で味を調えふたたび煮込んだら完成。サフランライスと一緒にどうぞ。

圧力鍋で作る牛肉カレーは「印度の味」という瓶詰めのカレーペーストを使用。簡単でとてもおいしい。シチュー用の牛肉五百グラムに、塩とこしょうをしておきます。圧力鍋にたっぷりのバターを溶かし、薄切りにした玉ねぎ三個を入れてよく炒めます。そこへ牛肉を入れ、火が通ったら水を加え、三十分ほど加圧。圧力がおさまったらペーストを入れて十五分ほど煮たらできあがり。

たいせつな料理本

すみれの砂糖菓子、まっ赤ないちごのシロップ、ふわふわのカステラ……絵本や童話に出てくるお菓子はどれもおいしそうで魅力的で、「どうやったら作れるんだろう？」「自分で作ってみたいなぁ」。子どもの頃、ページをめくりながらそんな気持ちでいっぱいになったものでした。はじめてひとりで料理を作ったのは、小学三年生くらいの時。絵本に載っていたレシピを見ながら、台所中を粉だらけにして何時間もがんばったのに、できあがったのは、不格好でところどころ焦げたカップケーキ。あーあ。と思いながらもその日のおやつを自分で作ることができたこと、それから台所をひとりで使わせてもらって少し大人になったような気がして、とてもうれしかったことを覚えています。ゴムのような舌触りのスポンジケーキや、煮詰め過ぎて飴のようになってしまったマーマレードなどなど、本の通りにおいしそうに作れることの方がめずらしかったけれど、とにかく台所に向かうのが楽しかった。そんな気持ちになれたのは、本のおかげだな、なんて思っているのです。

月日は流れて三十年余り。料理本のレシピを参考にすることは少なくなりましたが、それでも本を眺めることは好き。疲れているときはパラパラめくるだけでなんだか元気になってくるし、ページからおいしさが匂い立ってくるような写真を見ていると、お腹の底がぎゅっと温かくなってきて幸せな気持ちになれるから。

今回は、私が長い間、大事にしてきた料理本をご紹介します。引っ越しや片付けなどで自分の荷物を見直す機会が今までに何度となくありましたが「これだけはけっして手放さない！」、そう思った大切な本ばかり。レシピとレシピの行間に隠れた、著者の料理に対する想いがひしひしと感じられる料理本の数々です。

いちごのマローベット
Strawberry Mallowbet

持っている料理本の中で一番の古株がこの『赤毛のアンのお菓子絵本』。夢見がちな少女アンの物語の中に出てくるお菓子のレシピが五十四種類、紹介されています。なかでもよく作ったのが、牛乳とマシュマロを火にかけて溶かしたものに、つぶしたいちごを加えて冷凍庫で凍らせる、とても手軽なデザート「いちごのマローベット」。文章と挿絵だけで構成された本は、小学生だった私の想像力を働かせてくれるのに充分な存在でした。

外海君子編　ドナルド・ヘンドリックス画
『赤毛のアンのお菓子絵本』
主婦の友社　1979年

初夏から晩夏にかけて、せっせとジャム作りをするようになって五年。梅の出始めの六月、来たるべきジャム作りの日々に備えて必ず目を通すのがフランスで「ジャムの妖精」と言われているパティシエールのクリスティーヌ・フェルベールさんの『小さなジャムの家』。素材の選び方、取り合わせ方、瓶の殺菌の仕方、道具について……ジャム作りに関するありとあらゆることを知ることができる一冊。右はアルザスのフェルベールさんの店で手に入れた彼女のサイン本。宝物。

Christine Ferber + Philippe Model + Bernhard Winkelmann + Gilles et Laurence Laurendon, La petite Cuisine des fées
chêne jeunesse, Paris 2005

クリスティーヌ・フェルベール
『小さなジャムの家』
ワニマガジン社　2006年

サザビーの『B.L.T.』は、私がスタイリストのアシスタントをしていた二十年も前に、憧れて買った本。その中の料理を担当していたのが上野万梨子さんです。当時、おしゃれな料理本は少なかった記憶があり、とても新鮮に感じたのでした。

上野万梨子＋SAZABY
『B.L.T. NEW BASIC FOODS』
柴田書店　1989年

『はじめまして。フランス料理』『パンが残ったら……』『パリのお菓子屋さんのレシピ』など、パリ暮らしの上野さんが紹介する料理は、どこか洒落ていてすてき。卵のシミなどで中のページはずいぶん汚れてしまったけれど、今でも大事にしています。

上野万梨子
『はじめまして。フランス料理
Parisのキッチンから……
フレンチメニュー基礎レシピ』
学習研究社　1996年

上野万梨子＋レスパース
『パンが残ったら……』
文化出版局　1995年

上野万梨子＋レスパース
『パリのお菓子屋さんのレシピ
簡単に作れるパリジェンヌの好きな
おいしいお菓子』
文化出版局　1994年

有元さんの本の中で、もっとも好きなのが『家族のごはん作り』。家族に毎日、おいしいごはんを……そんな想いがぎゅっと詰まった一冊。「私もちゃんとしなくちゃ」と、本を開くたび、背筋をすっと伸ばしたくなります。

有元葉子
『家族のごはん作り』1・2
メディアファクトリー　2002年

『わたしのベトナム料理』は、盛りつけや素材の使いこなし方、合わせ方など参考になるところがたくさん。見ているとすぐにでもベトナムに行きたくなりますよ。

有元葉子
『わたしのベトナム料理』
柴田書店　1996年

尊敬する菓子職人、オーボンヴュータンの河田勝彦さんの本。四十年にわたる河田さんの菓子職人としての成果が詰まった一冊です。「レ・フリュイ・ルージュ」「バルケット・オ・セゾン」「ヌガー・プロヴァンサル」……見ているだけでほぅっとため息がでるほど美しいお菓子の数々。

河田勝彦
『河田勝彦の菓子 ベーシックは美味しい』
（特装版）
柴田書店　2002年

一年に二、三回、「どうしても粉ものが作りたくなる時期」というのがあって、そんな時に参考にするのがこの二冊。花巻や包子（パオズ）など、我が家の粉料理はウーさんのレシピを頼りにしています。

ウー・ウェン
『ウー・ウェンの北京小麦粉料理』
高橋書店　2001年

ウー・ウェン
『ウー・ウェンの小麦粉料理
包子 花巻 焼餅』
高橋書店　2010年

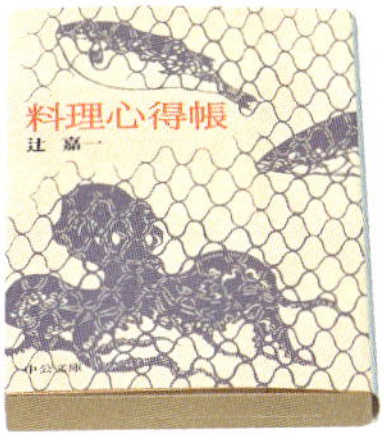

『料理心得帳』『豆腐料理』どちらも年に一度は読み返す本。辻留の辻嘉一さん……と思うと敷居の高さを感じてしまいますが、本に書かれているのはちょっとした料理のコツや、素材に対する心構えなど、私たちのふだんのごはん作りにも役立つことばかり。

辻嘉一
『料理心得帳』中公文庫　1982年
辻嘉一
『豆腐料理』婦人画報社　1962年

京のおばんざいで知られる大村しげさんの、タイトルもそのままに京暮らしのあれこれを綴った本。京言葉が小気味よく響きわたり、読んだ後は、平凡だと思っていた毎日の暮らしが、じつは心がけ一つで豊かなものになるんだと気づかせてくれる一冊。

大村しげ
『京暮し』（新装版）
暮しの手帖社
2010年（初版1987年）

初版は一九七一年。「同じことを二度聞き返すことを許さなかった」という厳しいお姑さんのもと、せっせと保存食作りに励んだ著者。昔懐かしい日本のお惣菜から、「キューカムバー・ピークル」や「いちごジャム」などハイカラなものまで。作ってみたいと思わせる保存食がいっぱい。

佐藤雅子
『私の保存食ノート』（新装版）
文化出版局　1990年

どこか男気を感じさせる向田邦子さんの文章。お酒の肴などのレシピもさっぱりと明快で、簡単、そしてどれもおいしそう。食いしん坊で器好きな向田さんの暮らしが垣間みられる本です。のり弁に魅力を感じるようになったのも、この本を読んでからのこと。

向田邦子＋向田和子
『向田邦子　暮しの愉しみ』
新潮社　2003年

Q&A

毎日、なにかしらの用事がある台所。
大きいものから小さいものまで、
暮らしの中の疑問にお答えします。

Q

器やカトラリー、ナプキンは、料理をしながら選びますか？　それとも する前に？

A

料理をしながら揃えていきます。案外、思い描いていたものと違ったものができあがることもあるので。どんな器に盛ろうかな？と考える時間もまた楽しいものです。

Q

日々の献立、どうやって決めていますか？

A

常備菜をいくつか作り置きしておき、汁物と簡単なメインを一品作るとか、そんなかんじで気を張らないことにしています。

Q

一人暮らしをはじめて最初に買った台所道具はなんですか？

A

初めて買ったのは……なんだろう？　たしか、ル・クルーゼの二十センチの鍋かな。ずっと憧れていたのですが、当時の私には高嶺の花。えいやっ！　……と清水の舞台から飛び降りる覚悟でした。でも買ってよかったな、使ってみてかわいいだけじゃない、きちんとみんなに愛されて、長く使われている理由がある鍋なんだなと実感したことを覚えています。

Q

いろいろ器を集めても、よく使うのはいつも同じものばかり。新しい器にチャレンジするにはどうしたらいいでしょう。

A

いつもの器にひとつだけ新しい器を取り入れてみては？　テーブルの様子がまた違って見えるものです。

Q

風邪のときや体調がすぐれないときのための決まったメニューはありますか？

A

基本的に体が欲していなければ「そういうことなんだ」と思い、無理して食べないことにしています。少し食欲が出てきたら、野菜をコトコト煮たスープなどを作るかな。

Q

洗剤はどんなものを使っていますか？

A

エコベールと、薄めて使う万能洗剤スワイプ、それからこちらも薄めて使うタイプの洗剤・松の力。

食器は洗う前にウェスなどで汚れを拭き取り、薄めた松の力をシュッと一吹きしてもう一度拭い、あとはお湯でさーっと流します。これだと水を無駄に使わずに済むのです。

Q

台所スポンジの替え時、ずばり教えてください。

A

無印良品のまっ白なスポンジを使っているので、そのスポンジが汚れてきたら……というかんじ。

時々、友人宅などでやせ細ったスポンジを目にすることもありますが、それはそれでスポンジに対する愛が感じられていいなぁなどと思ったりもします。

Q

楽しいお酒と家ごはん。でもその後の片付けを思うとゆううつに……。

A

もう、さっさと諦めて眠ってしまいましょう。翌朝、やればいいんです。片付けを気にして飲んでいても楽しくないものです。

Q

家に人を招くときのおもてなし、どうしてますか？

A

来客の多い家なので、「ホームパーティ」とかしこまるより、「楽しく飲みましょうよ」というラクチンな集まりの方が多いのです。なので、出すのはいつも家で食べている料理。けれども、大きなお皿に盛り付けてみたり、かわいい柄のナプキンにしてみたり、と少しだけ雰囲気は変えるかな。

それから私が台所に立ちっぱなしだと、お客様も気を使うし、私もおしゃべりに参加したいので、あらかじめだいたい仕込んでおいて、あとは温めたり、焼いたりして仕上げる料理が多いです。もしくは、みんなが台所で一緒に作れる料理——たとえばカレーにして、ナンをみんなで焼くとか、そんな日もあります。でも、ドライフルーツと、生ハムとチーズを用意しておき、あとはパスタを作っておしまい、なんて時も。

あまり気を張らない方が、招かれた方も気楽みたいです。

母の肉料理

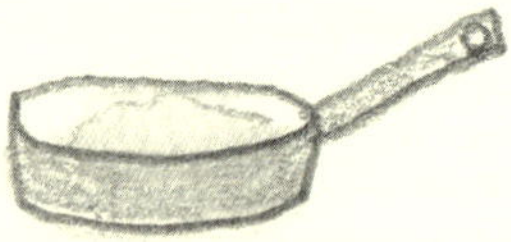

家族の誕生日や、クリスマスにお正月……私の育った伊藤家では、何かお祝いごとがあるときはもちろん、何もない日でも、しょっちゅう食卓に肉料理が並びました。ラムチョップや牛ヒレ肉のステーキ、鶏もも肉のトマト煮、家族のだれかが名づけた「お肉じゅうじゅう」と呼ばれる焼き肉、無水鍋で作るビーフシチュー……子どもの頃から慣れ親しんだ肉料理の味は数知れず。クリスマスに食べることの多い、きのこをたっぷり詰めた鶏の丸焼きは「ひとりひとりに柔らかいもも肉が十分いき渡るように」と一度に四羽も焼いていました（あまった場合は身をほぐして翌日サラダやパスタの具になるのですが、これがまたおいしい）。野菜や魚の料理ばかりだと「食べた気がしない」という豪快な父のおかげで母はすっかり肉料理の達人になったようです。

私が幼い頃は、肉屋のおばさんがご用聞きにやってきました。「ひき肉を五百グラム、すね肉は一キロね」。母がそのおばさんに注文をすると、夕方にはずしりと重い包みを配達してくれます。肉屋のバイクの音が近づくと「ああ、肉が来た」。夜ごはんのメニューは何かなと思いを巡らせわくわくしました。台所から二階の子供部屋までおいしそうな匂いが漂ってくると、いてもたってもいられず、トコトコと下へ降りていき鍋の中をのぞく。そんな時、母はミートソースの中に入れるミートボールや、シチューの肉の一片をつまみ食いさせてくれるのですが、この「台所のつまみ食いの肉」のおいしさは忘れがたいものがあります。いつしかご用聞きのおばさんは姿を見せなくなりましたが、その代わり母はおいしい肉を売るスーパーを見つけ、そこでメニューに合った肉を選んでいるようです。今回は、母の肉料理ができ上がるまでの一部始終を覗くことに。そこには主婦歴（肉料理歴）半世紀の年季の入った秘訣がたくさん隠されていました。

牛すね肉を一キロ使うビーフシチュー。ポイントは塩と粉末の「テーブルコショー」をたっぷりもみ込んだあと小麦粉を薄くまぶし、これまたたっぷりのバターでこんがり焼き色をつけること。

食べやすい大きさに切った牛のすね肉に、塩と伊藤家肉料理の定番テーブルコショーをたっぷりと。フライパンにバター百グラムを入れて熱し、叩いたにんにくを入れて香りを出す。小麦粉をまぶした牛のすね肉を入れ、焦げ目をつけたらひたひたの水とローリエ三枚、食べやすい大きさに切った玉ねぎ三個とにんじん四〜五本、じゃがいも四〜五個を加え、弱めの中火で二時間ほど煮込む。じゃがいもはほとんど煮とけてしまうけれど、「それがとろみになるからいい」のだそう。途中、塩とこしょう（このときは、ミルで挽いた粒の粗いものを）で味を調える。私はこのシチューに白いごはんを浸しながら食べるのが好きでした。

ステーキはサーロインではなくランプを使います。肉のところどころに切れ目を入れてつぶしたにんにくを挟み込む。塩とテーブルコショーで下味をつけ、熱したフライパンに牛の脂とバターを入れ、両面こんがりと焼く。この時、わりと強めの火加減というのがポイント。焼き色がついたら鍋肌にしょうゆを少したらして。肉を焼いている間、粉ふきいもとにんじんのグラッセをのせたステーキ皿（伊藤家では家族分の枚数を常備）を火にかけ温めておく。テーブルで、各自が好みでこしょうを挽いていただく。もちろん赤ワインと一緒に。

ひき肉を一キロ使うミートソース。豚が三、牛が七の割合がポイントだとか。「それとできるだけいいひき肉を使うこと」と母。にんにくふたかけ、玉ねぎ大四個、セロリ三本はみじん切りにし、オリーブオイルでじっくり炒める。そこに肉の半量を入れ火が通ったら缶詰のマッシュルーム（ホールとスライスを二缶ずつ）、トマトピュレ六百グラムと缶詰のホールトマト三缶を手でつぶしながら加え三十分程煮込む。その間ミートボール作りを。残りのひき肉にパン粉ひとつかみと顆粒コンソメ大さじ一を入れよく混ぜ、丸めてミートソースの鍋に入れていく。木べらでそっと混ぜながら火を通し、ウスターソース、塩、こしょうで味を調える。この懐かしい味のミートソース、ソースとミートボールの肉二段活用。「肉を食べている」満足感でいっぱいになります。

肉料理の時に大皿にたっぷり作るサラダ。皿にみじん切りしたエシャロットとオリーブオイル、塩、こしょうを入れよく混ぜ、好みの野菜を入れて混ぜるだけ。ビネガーが入らないのが母流。口の中がさっぱりとするので、肉がよりおいしく感じられます。肉→サラダ→ワイン→肉→サラダ→ワイン……と、とどまるところを知らない、伊藤家の食卓。

食べやすい大きさに切った鶏のもも肉に、塩とテーブルコショーをまぶし、バターを溶かした鉄のフライパンで焼いていく。中火で四分くらい焼いたあと、火を強めて焼き色をつける。油はねなど気にせずしっかり焼くこと。今回、しみじみ大事だなと感じたのは、カロリーを恐れず、バターなど使うべきところはしっかり使うこと。塩とこしょうの下味もしっかりと。火にひるまないこと。おいしい肉料理を作るコツは「思い切り」だったりするのかな、なんて思いました。

写真は母のレシピノートと結婚当初、父にプレゼントされたという料理の本。けれども、母は多くの主婦がそうであるように、料理を作る時に本を見ることはほとんどしない。長年の勘と自分の舌（これを母はベロメーターと呼んでいる）が頼りなのだとか。

冷蔵庫の大掃除

ここのところ忙しいことを理由に、冷蔵庫の整理を怠っていました。買い物をしても、素材ごとに仕分けなどせず、袋ごと空いている棚にぽんと置くだけ。日増しにごっちゃりしていく冷蔵庫の棚を見ては「あとで、あとで」と、やりすごしていたのでした。ところがある日、野菜室のすみっこでラップが半分はがれ、からからにひからびたパルミジャーノのかけらを発見。「もう限界！」とばかりに棚という棚から食材を取り出し、徹底的に掃除を開始。するとね、出てくるんですよ、いろんなものが棚の奥から。賞味期限切れの牛乳はまだ許せる。だけど、ぼよぼよにやわらかくなったきゅうり（のようなもの）を見つけた時には自分で自分のことが少しきらいになりました。

さすがに、こんな惨状になるのは一年に一度あるかないかのできごとですが、そのたびに「冷蔵庫を過信しないこと」と深く反省。入れておけば安心、と思いがちな冷蔵庫だけれど、その安心の結果が「きゅうりぼよぼよ」なんですね。

さて、冷蔵庫の大掃除のきっかけは、乾燥したパルミジャーノを発見したときだけではありません。旅に出る一週間くらい前から、おおよそのメニューを考えつつ食材を使い切るように計画します。買い置きしていたトマト缶やアンチョビの瓶詰め、乾燥豆などの一緒に料理すると、食材のストックもなくなって一石二鳥だし、なにより台所全体がすっきりとして気持ちがいい。庫内にものがすっかりなくなったら、棚をはずして洗い、内側と外側を水拭きして掃除は完了。この掃除期間に「ごぼうとれんこんのペペロンチーノ」とか「じゃこと香菜の混ぜごはん」などのヒットメニューも生まれました。案外、食材がたくさんあるより、ない中から頭をひねって考え出した方がおいしいものができたりするものだな、なんて思ったのでした。

「買い物にはマメに行き食材をためこまない」「大きなボウルや器が置きやすいように棚はつねに一段空けておく」……などなど、これらはすべて暮らし上手な友人知人たちから学んだこと。整然と整理された冷蔵庫を目にするたびに、その理由をしつこく聞き出しました。ちなみに、保存容器に何が入っているかを書き込む、このアイデアは「野田琺瑯」の奥さま、野田善子さんの冷蔵庫をまねて。

ポケットにいつも入っている、メイプルシロップ、マスタード、卵、しょうゆに黒米。その他、スパイスや豆板醤、ジャムなども。たまに賞味期限をチェックしますがあんまり気にせず、自分の目と鼻が頼り。スパイスを使い切りたい時はクスクスのスープを、卵を使い切りたくなったら親子丼や卵の炒め物を作ります。

レモンがあまっていたら、迷うことなくはちみつ漬けを作ります。しょうがのかけらを薄くスライスして入れることも。炭酸で割ると、ジンジャーエール風のさわやかな飲み物に、お湯で割るとほかほか体の芯から温まるホットドリンクになります。蕎麦やりんご、レンゲなど、はちみつの種類によって味わいが変わってくるので、好みのものを見つけてください。ちなみに私がよく使うのはアカシアのはちみつ。くせがなく、さらりとやさしい味になります。

味噌は、ひとつの保存容器に二、三種類入れて使っています。少なくなってきたらまた足して。こんぶで仕切りをつけておくとおいしい味噌漬けこんぶができるので一石二鳥です。一種類だけ使うより二、三種類入れた方が複雑な味わいになって、おいしいお味噌汁になりますよ。右は、娘が学校の授業で作った味噌。「もったいないから食べちゃダメ」と言われているので、ずうっと冷蔵庫に入ったまま……。

みじん切りにしたにんにくと玉ねぎをオリーブオイルでじっくり炒め、あとは細かく切った野菜を同じ鍋に入れてよく火を通します。水とローリエを入れて煮ること二時間……塩で味を調えれば、おいしいミネストローネのできあがり。残り野菜の整理にもなるし、冷凍しておけば旅から帰ってきて「買い置きがなんにもない!」という時でも、これさえあれば安心。入れる野菜はなんでもいいのですが、とにかく細かく切ること。「きゅうりも入れちゃう」なんて友だちもいましたっけ。

我が家の冷凍庫には霜取り装置がついていないので、二ヶ月に一度、霜取りをするために冷凍庫をからっぽにしなくてはなりません。これが冷凍庫片付けのいいきっかけに。ふだんは、氷やアイス、朝食のための食パンや、急に「お腹空いた！」と言い出す娘のために、ごはんを多めに炊いて、小さめに握ったおむすびをラップに包んだものが。今入っているのは、玄米おむすびと竹の子ごはんおむすび。料理するのが面倒な時や、忙しくて台所に立てない日などのためにも、作っておくととても重宝します。

残り野菜や、ちょっと残ったちくわなど、具だくさんのひじきの煮物は料理家の知人からの伝授。にんじん、ごぼう、れんこん、絹さやなどいろんな味が混ざり合い、とても「残り物で一品」とは思えない滋味深い味に。

冬の鍋料理

お正月が終わり、街がようやく普段の落ち着きを取り戻し始めると、松本の冬も本番といったかんじになります。住み始めた頃は、その容赦のない寒さに辟易したものでしたが、今ではすっかり慣れっこに。というよりも、積極的に「冬と仲良くしよう」という気持ちにならないとやっていけないのです。あまりに寒くって。

温泉に行く。腹巻きの上からカイロを貼る。膝の上に湯たんぽとブランケットを置いて……と、寒さをしのぐためにいろいろな手段を試みていますが、やはり体は内側から温めるのが一番。この季節は熱々のお鍋がテーブルにのることが多くなります。鍋というとイメージするのがいろいろな具が入った寄せ鍋という方も多いかと思いますが、私の鍋はネギと鴨、白菜と豚バラ、芹ときりたんぽなど、入れる具は二種類くらいととても少なめ。その方が鍋の中の素材とがっちり向き合えるような気がするからです。

朝鮮人参たっぷりの参鶏湯《サムゲタン》は、材料を入れて煮込むだけという簡単さながら、見かけは豪快。「凝った料理、作りましたぜ」という気分にさせてくれるところも気に入っている理由のひとつです。食べ終える頃には頭のてっぺんから足の先までポカポカになり、うっすら汗をかくほど温かくなるので、まさに冬向きの鍋！（と思いきや韓国の人たちは夏に食べるのだとか）。信州産の朝鮮人参が地元の市場やスーパーなどで簡単に手に入る気楽さも手伝って、すっかり我が家の定番になっています。塩に凝ったり、キムチと食べたり、もち米を多めに入れて雑炊風にしたりと、その時々で食べ方を少しずつ変えますが、何度作っても毎回、微妙に味わいが違うところが興味深いな、と思います。他の鍋もしかり。野菜の選び方や火の入れ方などが違うのか、いつも同じ味には仕上がらない。そのあたりが鍋にはまる理由なのでしょうか。

参鶏湯の材料は、中抜きの鶏一羽、朝鮮人参一本、クコの実大さじ二、ナツメ十個、もち米二分の一カップ、生姜とにんにくふたかけずつ、ネギの青い部分一本分。朝鮮人参にはいろいろな大きさがあり、やわらかい味が好きな私は小さなものを選ぶことが多いけれど、がっつり温まりたい時なんかは大きめを入れることも。何度か作って好みの味を決めてみてください。鶏のお腹にすべての材料を詰めて煮るのが正式な作り方ですが、私は鍋に鶏を入れたらまわりに残りの材料を入れ、ひたひたに水を加えて煮るだけ、という手軽な作り方にしています。丁寧にアクをすくいながら二〜三時間煮込むと骨から身がほろっと外れ、とろけるような舌触りに。味付けは塩だけ。あとはテーブルで各自がこしょうを振ったり、キムチと一緒に食べたりと自分好みの一皿に仕上げます。一羽食べ切ることができない時は骨付のもも肉で作っても大丈夫。

鴨肉と松本の伝統野菜「松本一本ネギ」をたっぷり入れた鍋。ネギは煮るととろりと甘く柔らかくなるので、ひとり二本はぺろりと平らげられます。今回は二人分なので、四本用意。ネギ二本は五センチほどの長さに切り、焼き目をつけます。残り二本は食べやすいよう斜めの薄切りに。鴨肉は三百グラムくらいを一口大に切ります。鍋にだし汁を張り、酒、しょうゆ少々、塩で味つけしたら鴨肉を入れ、火が通ったら焼き目をつけたネギを入れて三十秒ほど待ちます。その後、薄切りにしたネギを順次入れて火が通ったらすぐさま口へ……。しゃぶしゃぶの要領で、焼いたネギとしゃっきりしたネギの両方の食感を楽しんでください。

鴨肉とネギの鍋の仕上げはうどんで。京都の黒七味を振るのが定番。

すだちの香りがほわっと口の中で広がる素晴らしいぽん酢は松本の「大久保醸造店」のもの。京都「原了郭」の黒七味、長野の八幡屋礒五郎の七味唐辛子、新潟のかんずり、手作りの柚子胡椒なども定番。鍋がシンプルな分、これらの調味料で味に変化をつけます。他に塩を何種類か用意したり、柚子やカボス、レモンなどの柑橘類などが並ぶことも。

芹ともち米を大量にいただいた時に作ったのが、きりたんぽ鍋風のこの鍋。炊いたもち米を食べやすい大きさに握り、鉄のフライパンか焼き網で焼き目をつけます。だし汁に酒、しょうゆ、みりんを入れて味を調えたら焼いたもち米と芹を入れていただきます。どちらも火を通しすぎるとおいしくないので、鍋に具を入れたら「せーのっ」という具合に急いで食べます。どちらかというと鍋がメインというより、おかずをちょこちょこ、お酒をちびちび飲んだあと締めに食べる鍋、というかんじ。

ひと冬に十回は作る鍋がこれ。「夫が唯一作れる料理」という人もいるくらいとても簡単、そしてとってもおいしい白菜と豚バラの鍋。鍋に白菜と豚バラ、お湯で戻した春雨を重ね、干し椎茸を戻し汁と一緒に入れて一時間ほど煮込んだらできあがり。食べる時、椎茸は取り除きます。一杯目は塩で。二杯目は柚子胡椒、三杯目はぽん酢で、と味付けは各自好みで。最後は雑炊にしていただきます。

キッチン快適アイテム

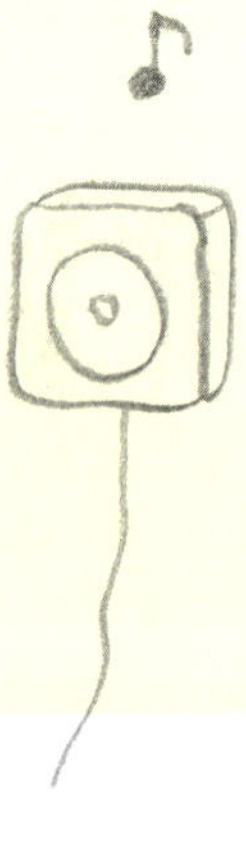

京都「一保堂」のほうじ茶、金沢の加賀棒茶。パリ土産の「マリアージュフレール」の「マルコポーロ」……去年の春は、なぜだかお茶のいただきものがとても多くて、毎日毎日いろんな味を楽しんだものでした。そして夏。あまりの暑さにお湯を沸かしてほっこりお茶でも、なんて気持ちが起こるはずもなく、冷たい麦茶一辺倒。そこで気になったのが封を開けてしまったお茶たちの行方です。

ある日、スーパーのレジで順番を待っていると目についたのが、このお茶パック。今まで、その存在は知ってはいたけれどなんとなく「横着者」っぽいかんじがして見て見ぬ振りをしていたコイツ。でもいや待てよ？　これにお茶を入れて水だししたらどうだろう？　取りあえず、かごにポイとひとつ入れてみました。これが、いい買い物したよ私！　と褒めたくなるほど便利で便利で。夜寝る前、パックに詰めたお茶っ葉と水を容器に入れて一晩経てば冷たくておいしい水だしのお茶ができ上がっているんだもの！

そして秋……温かいお茶を飲むようになってからも私、お茶パック愛用中です。そりゃ急須の中でお茶っ葉を開かせると、おいしくなるのは分かってる。でもお茶をいれるたび毎回茶葉が急須の注ぎ口に詰まっている光景を目にするよりは、いい。だんぜんいい。

春から秋までの半年間で私が学習したのは、今まで、ものを減らすことばかりに気をとられていたけれど（鍋とかごは別）、そんなにこだわらなくっていいのでは？　ってこと。いいじゃんお茶パック。いいじゃんちょっとくらいもの増えても！　……というわけで、置く場所を考えて買いあぐねていたり、別の場所で使っていたものをどんどんキッチンに取り入れている最中。前よりはるかに居心地のいい場所になりました。

お茶の封を開けたらすぐにお茶パックに詰めて、種類別に保存。茶筒は今までと変わりなく京都の「開化堂」のものです。出番は毎日。お茶をいれるたびに「いいね、いいね」とひとりで納得。横着者呼ばわりして申し訳ないことしたよな……と反省してます。それからお茶パックに詰めておくと、急須を使わなくてもいいということも判明。出番の少なかった(でも気に入りの)ピッチャーに入れたり、マグカップに直接入れたりして、お茶の時間を気楽に楽しんでいます。

場所を取るからという理由で、今までいろんな種類の盛りつけ箸や、菜箸をひとつの器に入れていました。でもいざという時、対のお箸を探すのが面倒で。そこで同じ種類の菜箸で統一し、小さめのガラスの器を購入。これならさっと二本取り出せばいいだけという手軽さ！　ガス台の横でいつでも待機中です。

「洗いもの、ためないもん」と意地を張って小さい洗いかごを長年使っていました。けれどもある日、松本のデパートの京都物産展でこのかごを発見。いいかんじの大きさだなぁ……じっと見入っていた私にお店のおばさんが「長い間使えるし、壊れたときは送ってくれれば直すから」と。こういう言葉に弱いんです。

ウェスと一緒に台所の片隅に置いて、いつでも磨けるようにスタンバイしている網タワシ。これでこすると落ちないものは無し？　というくらいのすごいヤツ。見かけが無骨なので、箱から出して北欧のアンティーク瓶に入れ、かわいらしさを演出。

「イケア」で買った強力マグネット。流しの上に備え付け、刃もの関係をペタリ。使いたい時にさっと取れてとっても便利です。

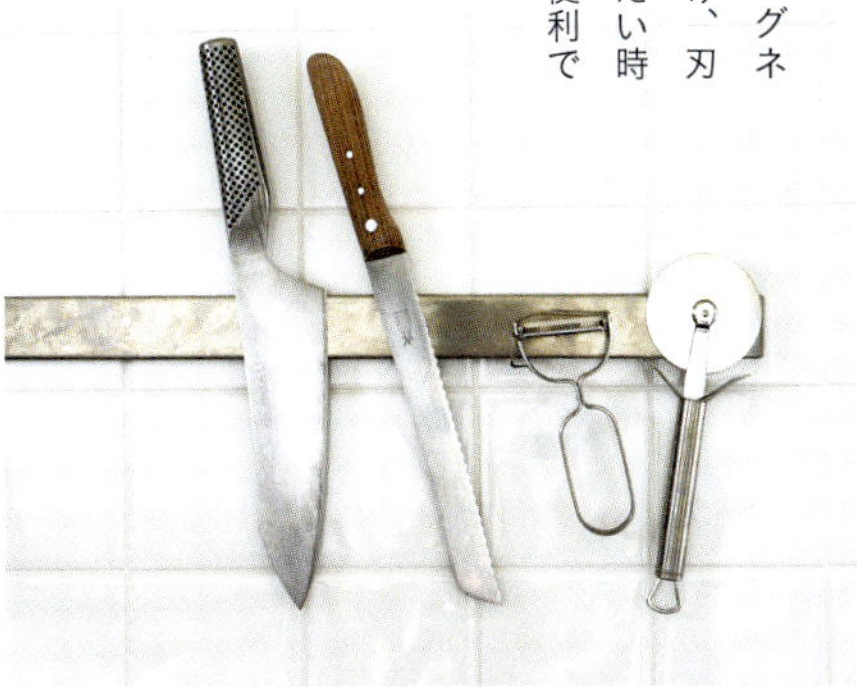

なんだか便利そう。でもボウルはたくさんあるし……と買いあぐねていたステンレスの片口。つい最近、京都旅行の思い出にと、大小ふたつ抱えて持って帰りました。ドレッシングも溶き卵も、すかっとキレよく器やフライパンへ、サーッ。道具って大切だよなぁ……としみじみしました。

すっとした形が美しい瓶に玄米と精米した白米を入れて。お米はこの瓶に入るだけしかストックしないことにしています。梅シロップ、梅酢、杏酒なども同じ瓶で統一。

スパイスやハーブは小さなアンティークの薬瓶に。フタもガラスなので完璧に密封はできませんが、一ヶ月くらいで使い切る分量を入れるならば問題なし。お揃いの瓶がずらり並んだ姿は見ていて気持ちがいいものです。

パリの市場で買ったもの、ドライハーブを混ぜ込んだものなど塩はいつも六、七種類常備。量に合わせて、瓶を選びます。定番の薬瓶の他に、骨董市で見つけたもの、北欧のアンティーク、ガラス作家の辻和美さんのものなどいろいろ。

娘が愛用していたCDプレーヤーを拝借。キッチンの壁につけました。ヒモをカチッと引っ張れば、音が鳴り出す手軽さもいいし、なにより換気扇を思わせるデザインがかわいい。じゃがじゃが炒め物にはこの曲、ゆっくり煮込み料理にはあの曲。気分に合わせて楽しんでいます。なんといっても台所は一日の中で一番長くいるところですから、楽しくないと。

買っちゃいました、業務用のテーブル型冷蔵庫！　家庭用よりモーター音が大きいのと、中から物を取り出す時にしゃがまなくてはいけないのが難だけれど、その分テーブルの上は広々。作業台にもなり、料理の下ごしらえも楽々です。

コラム

ベランダ冷蔵庫

「今まで、電力に頼りすぎていたんだなぁ」。震災が起こってから気づいたことはいろいろありますが、中でもこのことはしみじみと実感したことのひとつです。知らず知らずのうちに便利な電化製品に頼っている。そしてそのことが当たり前になっていて、電力を消費しているという感覚がなくなってしまっていたのです。「慣れ」とはおそろしいものだなと思いました。

ストーブを極力使わず重ね着したり、夜はろうそくを灯したりと思いつく限りの節電をしたのですが、ふと、そういえば冷蔵庫って一年中電源が入っている状態だなあ、なんとかならないかしら？　と思い、この際だからと電源を切ることにしました。毎年冬になると、知人からりんごやネギや白菜などの野菜やお漬けものをいただくのですが、あまりに大量なため冷蔵庫に入りきらない。そこで思いついたのが、蓋つきの木の箱にそれらを入れてベランダに保存するという方法。松本の冬はとても寒いので、凍らないように毛布などでくるんで調整さえすれば、外は天然の冷蔵庫というわけ。冬の間は牛乳やヨーグルトなどの乳製品、肉やとうふなどの生鮮食品は冷蔵庫へ。野菜や漬けもの、味噌はベランダへ……と使い分けていましたが、思い切って「ベランダ冷蔵庫」のみにすることにしたのです。

準備期間は約一週間。まずは冷凍庫にストックしておいた食材をすべて食べ切りました。冷凍しておくと重宝するベーコンやごはん、作り置きのカレーやスープがだんだんとなくなっていくのは少々心細くもありましたが、その都度買い足したり、作ればいいんだからと自分に言い聞かせることに。冷蔵庫に入れていたものは、そのままベランダ冷蔵庫へ移動。天然の冷蔵庫なので、温度調整はもちろん無し。日当たりがよくなる日中などは、ヒヤヒヤしながら、箱の中の温度を確かめつつ日陰に移動したり、くるんでいる毛布をはずしたり……という調子でなんとか四月半ばまで冷蔵庫を使わずに過ごしたのでした。もちろん多少の不便はありましたが、またこれも「慣れ」。マメに買い物をし、買い物をした食材はきちんと使い切ることを頭に入れながらメニューを考えるのもまた楽し！　あったらあったでとても便利だけれど、なければないでなんとかなるものなのだなぁと思ったのでした。

そして数ヶ月後。そろそろマフラーが必要な季節にさしかかった頃、また電源を抜いてベランダ冷蔵庫の生活に突入。ああ、そうそう。この不便さ忘れてた！　また初心に返り、一からスタート……と、当分の間はこんな生活が続きそうです。冬の長い地域に暮らしているからこそできる節電法なのかもしれませんが。

さて、冬の間使っていない冷蔵庫の棚には何が入っているかというと、洗いたてのリネンのキッチンクロス！　庫内の様子はなかなかおもしろい景色になっています。

私のひとりごはん

「ひとりの時のお昼ごはん、どうしてる？」とたずねると、たいてい「冷蔵庫にある残り物で適当に」とか「簡単に済ませちゃう」なんて答えが返ってきます。けれどたまに、「韓国のからーいインスタントラーメンの上に納豆と生卵をのっけて、ぐちゃぐちゃにしながら食べるんです」なんていうパンチの効いた答えが返ってくる時があるので、この質問、ついついしてしまうんです。人には言えない（？）、言いづらい、ひとりごはんの現状。うやむやにする人もいれば、「ぐちゃぐちゃに」とまで教えてくれる人もいる。この答えで、その人の性格が分かったりするのでおもしろいものです。

では私のひとりごはんはどうなのか。食べたい時にささっと作れるものに限る。調理道具は、ひとつしか使わない。お皿だって、なるべく一枚で済ませたい。けれども、お腹が満たせればそれでいいってものでもないんです。冷蔵庫や冷凍庫の中の食材を使って、その日の気分にぴたりと合ったひと皿を作ることを心がけている……つもり。たまに忙しくて、白湯だけ、とかビスケットと牛乳とか、車の中でおにぎりをひとつだけ、なんて日はあるけれど、なるべくお腹と心がほっこり温まる、そんなごはんを食べたいな、と思っています。午後の予定がない時は、作りたてのお昼ごはんと白ワインをグラスに一杯、もしくは缶ビールを一本トレーにのっけてソファへ……平日の昼下がり、テレビなど見ながら、心ゆくまでひとりでだらだら。なんという解放感！　ああ、生きててよかったーと思う瞬間です。今回は、冷蔵庫に作りおいたおかずと白いごはん、昨日の晩の残り物、ストックしておいた素麺でエスニック風のスープ麺、などなど私の十日分のお昼ごはんを紹介（盛りつけは、ふだんより三割ほど美しくなっております）。

あなたはひとりの時、どんなものを食べていますか？

もっとも登場回数の多いのが、常備菜とごはんをひと皿に盛ったもの。ひじきの煮物、切り干し大根とじゃこのサラダ、それからお漬けもの二種。ほっこりやさしいひと皿ごはん。大きめのカップに緑茶をなみなみついで。

食べ過ぎた翌日、もしくは二日酔いの時によく作るのが蒸籠蒸し野菜。今日は芽キャベツとスナップエンドウ、菜の花など、冷蔵庫に入っていた野菜を総動員。蒸籠ごとテーブルに持っていき、いろいろな調味料をつけながらいただきます。メニューは蒸し野菜のみ。これでお腹もすっきりです。

冷蔵庫にあったしらすで、しらす丼を。しらすとごま油、ちぎった海苔を白いごはんに混ぜるだけ。とても簡単に作れるのに、びっくりするほどおいしい。しらす丼には、いつもこの朱色の合鹿椀を合わせています。何げない料理をおいしそうに見せてくれるすごい奴。

納豆と白いごはんをひとりの時の昼ごはんにしている人って案外多いらしいです。私もそのひとり。今日は、納豆のとなりに野菜と漬けものをこまかく切ってしょうゆで味つけした信州の郷土料理「やたら」をちょこんと載せてみました。

鍋に湯を沸かし、そこに素麺を一把か二把入れます。素麺にさっと火が通ったら、ナンプラーで味つけ。ごま油をたらりとたらし、黒こしょうを振ったら、ひと鍋ごはんのできあがり。香菜をのせレモンをたっぷり絞ると、どことなくエスニック風の煮麺《にゅうめん》に。ひとり心の中で「なんちゃってベトナム麺」と呼んでいる食べもの。

お茶漬けはシンプルなものが好き。今日は、海苔と梅干し、それからゴマです。生のわさびがある時は、面倒だけれどすって入れると、とてもおいしくなります。小さなトレーに載せると、ちょっとかしこまった風に見えるから不思議。簡単に作るひとりごはんは、こんな演出が欠かせないものです。

近所のパン屋さんで売っているおかずパンもたまにとっても食べたくなるもののひとつ。これは長さ二十センチほどもある、ナポリタンパンと、ジャーマンポテトパン。ひとりで二つは食べきれず、かといって一種類を黙々と食べるのも飽きてしまうので、いつも半分ずつ食べ、残りはおやつに。あまーいコーヒー牛乳と一緒に。

冷蔵庫に何もない！　なんて日もあるものです。そんな時は、冷凍しておいたベーコンを厚く切ってソテー。ベーコンの脂で目玉焼きを作り、ごはんの上に載せてできあがり。黄身がとろーっと出たところへ、おしょうゆをちょろりとかけて。なんてことない料理だけれど、これほどおいしいものってそんなにないんじゃないか？　と食べるたびに思います。

二ヶ月に三回くらいの割合で無性に食べたくなる、「サッポロ一番塩らーめん」。炒めたもやしを載せたり、ネギや海苔を載せたりと、食べ方もいろいろあるでしょうが、インスタントラーメンの味わいを楽しみたい私はもっぱら「素・塩らーめん」。粉末スープは八割くらい使って薄めに仕上げ、最後の一滴まで飲み干します。

前の晩のラタトゥーユが残っていたので、スパイスを足して、クスクスのスープに。お湯で蒸らせばすぐに食べられるクスクスは、ひとりごはんの強い味方。小鍋ごとお皿に盛ったスープを少しずつかけながらいただきます(でないと、どんどんスープを吸ってものすごい量になってしまうから)。アリッサで辛みをプラスして。

瓶の魔法

前菜からデザートまで気合を入れて準備してお客様をお呼びする、なんていうのもたまにはいいものですが、張り切りすぎて自分が疲れてしまっては台無しです。そもそもどうして家に人を呼ぶかと言うと「楽しい時間を共有するため」なのですからね。気のおけない友だちと集まって家でごはんを食べたりお酒を飲んだりすることはとても楽しいものです。レストランなどで食事するのとはまた違う、ゆるっとした空気がそこには流れているような気がします。

そんなわけでここ最近の集まりでは、みんなでおいしいものを持ち寄るパターンが多くなりました。集まる家の主がメインのメニューをみんなに伝えたら、その料理に合ったワインや前菜、デザートなどを各自が考えて持ってくるのです。手作りのものあり、最近話題の店のお菓子あり、ビオワインあり、材料を持ち込んでその場で作る人あり……と、毎度、みんなのあの手この手を見ては、なるほどねぇなどと感心しています。

私はといえば、もっぱら瓶詰めばかり。リエット、レバーペースト、牡蠣のマリネ、にんじんサラダ、ピクルス……毎回、作る料理の内容は少しずつ変わりますが、だいたいいつもこんなかんじ。瓶の蓋を開ければすぐに食べられる気軽さがいいし、持ち運びもしやすい。さらに見た目にかわいい（そこのところ重要です）のも瓶詰めのいいところ。パーティー前日は、家にある瓶を総動員して煮沸消毒し、できあがった料理から詰めていくのですが、この作業、ふだんのごはん作りとはひと味もふた味も違ってなんだかとっても楽しい。味や色合い、盛りつけのバランスなんかを考えながら、「瓶」というひとつの空間の中に自分の料理を閉じ込める。大げさ？　いえいえ、できあがった時の達成感とみんなに喜んでもらえた時の充実感は、はかりしれないものがあるのです。

ジャムやトマトピュレの空瓶など家にある瓶に詰める……という手もありますが、あまりに「いかにも」な空瓶だと、せっかくの料理も魅力が半減してしまいます。私のお気に入りは「WECK」のもの。いくつか買っておき、ここぞという日のために食器棚でスタンバイ。料理を作るのと同時に、大きな鍋に入れてグツグツと煮沸消毒をします。じつは私、この煮沸消毒の作業も大好き。鍋の中を見ていると清々しい気分になるんです。

フードプロセッサーでにんじんを千切りにして、ワインビネガーと塩、オリーブオイルで和え、仕上げにレーズンを加えるだけの簡単なサラダは、リエットやひよこ豆のペーストなど、どんな料理とも相性がいい。一度にたくさん作れるので人が大勢集まる時に、大瓶に入れて持って行くことも。なんといってもきれいなオレンジ色のサラダが瓶詰めにされたその姿が好きです。

牡蠣はすりおろした大根で洗い、フライパンで汁気がなくなるまで炒ってオリーブオイルにつけるだけ……簡単なのに、複雑な味わいの牡蠣のマリネはお酒の友の定番。たくさん作って酒飲み友だちにおすそ分けします。ちょっとした箸休めにぴったり。持ち運ぶ時はオイルがもれないよう、フタの閉まり具合をチェックすること。

たまに無性に作りたくなるリエット。手間がかかるけれど、少し作るより多めに作った方がおいしいような気がするのでいつも一キロほどの豚肉を仕込みます。できあがったリエットを瓶に詰めるのは至福の時間。「リエットが食べたいから」という気持ちはもちろんあれど、瓶詰めを作りたいから、という気持ちもある。瓶詰め作りのこの魔力ってなんなんでしょう。

汁気がない料理は持ち運ぶのにぴったり。このきのこのタブレは友だちの持ち寄りレシピ。ソテーしたきのこをお湯で戻したスムール（クスクスに使う小さなパスタ）で和えるだけなのですが、病みつきになる味なのです。こんな風にレシピを教えてもらっては、新しい瓶詰めレシピを広げています。

でかける直前にヘタをとったいちごにグラニュー糖をかけ、さっくり混ぜ合わせて瓶に入れます。三時間後、いちごから少しシロップが出たら食べごろ。大人にも子どもがいる家でも喜んでもらえるデザートです。今日はバニラビーンズを加えましたが、バニラビーンズはあってもなくても。

友だちの家に行く時はこんな風にワインとパンを一緒にかごに入れて。ピクニックの時などにも、このかご入り瓶詰めのセットを持って行きます。多めに作った時は、遠くに住む友だちに箱に詰めてプレゼント。「詰める」作業がどうやら好きみたい。

あとがき

この本は「芸術新潮」で足かけ三年にわたって、「家事」をテーマに連載していたものでした。

連載をまとめるにあたって気づいたことがあります。

それは、私にとって台所仕事は家事の中で大きな時間を占めているのだなあということ。

食いしん坊だからじゃない？　なんて声が聞こえてきそうですが、（もちろんそのせいもあり）台所にいると、なぜだか心が落ち着くのです。


ジャムを煮たり、包丁を砥いだり、洗い上がった食器をキッチンクロスでキュッキュと拭いたり、青菜を炒めたり、鍋を磨いたり……。

忙しい毎日を送っていると、大切なことを見落としそうになるけれど、こんな風に台所仕事をしていると、いつものふつうの自分にもどれる。そんな気がするのです。


これから年を重ねるごとに、食べものの好みや、必要とする台所道具の量は変わってくるかもしれないけれど、私の台所に対するこんな思いは、きっと変わらないままなんだろうな……なんて思っています。

伊藤まさこ

1970年、神奈川県横浜市生まれ。文化服装学院でデザインと服作りを学ぶ。料理や雑貨、テーブルまわりのスタイリストとして、数々の女性誌や料理本で活躍。なにげない日常にかわいらしさを見つけ出すセンスと、地に足の着いた丁寧な暮らしぶりが人気を集める。近著に『伊藤まさこの雑食よみ』『軽井沢週末だより』『テリーヌブック』『伊藤まさこの台所道具』『家事のニホヘト』など。

ブックデザイン
渡部浩美

題字
いとう瞳

イラストレーション
著者

撮影
広瀬達郎［新潮社写真部］

初出＝「芸術新潮」2010年4月号〜2012年7月号の連載「家事のニホヘト」から14回分を抜粋、加筆・修正しました。

台所《だいどころ》のニホヘト

2013年1月30日　発行

著者　伊藤《いとう》まさこ
発行者　佐藤隆信
発行所　株式会社新潮社
〒162-8711　東京都新宿区矢来町71
電話　編集部　03-3266-5411
読者係　03-3266-5111
http://www.shinchosha.co.jp
印刷所　半七写真印刷工業株式会社
製本所　加藤製本株式会社

ISBN978-4-10-313873-0 C0095